LA CHASSE.

A MONSIEUR

DE ROSIERES.

A PARIS,

Chez { La Veuve de JEAN BAPT. COIGNARD, Imprimeur du Roy, & de l'Académie Françoise.
ET
JEAN BAPTISTE COIGNARD Fils, Imprimeur du Roy, & de l'Académie Françoise, ruë S. Jacques, à la Bible d'or.

MDCLXXXXII.
AVEC PRIVILEGE DE SA MAJESTE'.

LA CHASSE.

A MONSIEUR DE ROSIERES.

EPITRE.

LA Chasse où vous vous delassez
Pendant les jours que vous passez
Dans vostre charmante Province,
Est sans doute un plaisir de Prince,
Un plaisir qui n'a point de prix,
Sur tout pour ceux qui dans Paris
Ont travaillé toute l'année,
Comme le veut leur destinée,
Et qui pendant les jours entiers
Ont eu le nez sur des papiers.
  Quel plaisir quand l'Aube vermeille
Sur son lit de pourpre s'éveille

LA CHASSE.

Et chasse les feux de la Nuit,
De sortir sans faire de bruit
Avec la * *Fidelle* & * *Moustache*
Qu'on vient de tirer de l'attache;
Pendant qu'à la faveur du frais
Et s'endormant sur nouveaux frais,
L'Espouse suit son premier somme
Et croit tousjours tenir son homme.

   On sort, on marche, on tourne à droit;
Enfin dés le premier endroit
Où la bonne étoille vous meine
On voit s'élever de la plaine,
Ainsi qu'en sursaut éveillez,
Douze gros Perdreaux maillez,
En joüe, aussi-tost on les couche,
Et par une assez rude touche,
Car le coup est des plus heureux,
Dans le chaume il en tombe deux;
Le reste va, passant la haye,
Se remettre en une ozeraye.
Là les pauvres effarouchez
Pensent s'estre bien retranchez,

  ** *Noms de deux Chiens couchans.*

LA CHASSE.

Mais la Fidelle en diligence
Vous les pourſuit, vous les relance,
Et les force à ſe mettre en l'air;
Le fuſil plus prompt qu'un éclair
Deſole encore la bande griſe;
Ainſi de remiſe en remiſe
On les ſuit leger & diſpos,
Sans leur donner aucun repos
Que l'on n'ait dans la Gibeciere
Fait entrer la douzaine entiere.

 Enſuite, en prenant ſur le haut,
On voit un frippon de Levraut
Qui ſe releve la mouſtache
Dans un creux ſillon qui le cache,
On ſe gliſſe par les guerets
Et lors qu'on en eſt aſſez prés,
D'un petit bruit on le reveille,
Il treſſaut, il dreſſe l'oreille,
Et dans ce moment à ſouhait
Le fuſil luy donne ſon fait.

 Cependant Mouſtache & Fidelle
Faiſant touſjours la ſentinelle

Un autre Lievre ont decouvert,
Et le talonnent de concert.
La Bête de prés pourſuivie,
N'obmet rien pour ſauver ſa vie
Elle leur donne cent détours,
Ils la ſuivent ; l'on croit tousjours
La voir dans leur gueule qui jappe,
Cependant tousjours elle échappe,
Et ſort de leurs crocs courroucez
Pour quelques poils qu'elle a laiſſez.
Elle a beau courir, & bien viſte,
Il faut venir mourir au giſte ;
Et bien-toſt l'un des Pretendans
Vous la rapporte entre ſes dents.

 Delà l'on paſſe à la Garenne
Où l'on abbat preſque ſans peine,
Et tant que l'on en ait aſſez,
Lapins de genêt engraiſſez
Qu'un valet met en gibeciere,
Ou s'en fait une bandoüilliere.

 Enſuite pour avoir du frais
On deſcend le long du Marais

LA CHASSE.

Dont les saules & les aunettes,
Séjour éternel des Fauvettes,
Sont d'un agrément sans pareil
Dans la grande ardeur du Soleil.
Là se reposant à l'ombrage
De leur vert & sombre feüillage,
On voit au travers des roseaux,
Sur le tranquille sein des eaux
Nager les timides Cercelles,
Les noirs Pluviers & les Jodelles
Parmi de sauvages Canards,
Plus deffians que des Renards.
Sans bruit on s'ajuste, on les mire,
Et le coup qu'à fleur d'eau l'on tire
Disperse l'escadron peureux,
Pendant que cinq ou six d'entre eux
Atteints par la poudre mortelle,
Couchez sur l'eau battent de l'aisle.
Barbet qui sans estre attendu,
Là de luy-mesme s'est rendu
Se jette aussi-tôt à la nâge,
Et faisant cinq fois le voyage

A iij

Rapporte tout fans rien manger
Ny fans rien mefme endommager,
Tant l'art de celuy qui le dreffe
A fçû luy donner de fageffe;
 Cependant le declin du jour
Oblige à fonger au retour,
Plus encor la flâme inteftine
D'une faim qui devient canine,
On revient plus content qu'un Roy
Du Gibier qu'on porte avec foy.
On ne conçoit point cette joye ;
Et je fuis feur qu'Hector de Troye
Chargé des Dards & des Ecus
Des Gregeois qu'il avoit vaincus,
Dans fa demarche triomphante
N'avoit pas l'ame plus contente.
Mais à quel point n'eft pas charmé
Le goût d'un Chaffeur affamé,
Dans le moindre mets qu'on luy donne,
Toute fauce luy femble bonne,
Sur tout quand il met fous fa dent
Le Gibier du jour precedent;

LA CHASSE.

Car pour celuy qu'il vient de prendre
Il se fait un plaisir d'attendre
Qu'il soit assez mortifié
Pour le monde qu'il a prié.

Ce monde est tout son voisinage,
Gentilshommes de haut parage,
Qui n'ont point de jours ouvriers,
Et nourrissent des Levriers;
Tous ont ce qu'il faut pour la chasse
Fusils, Bassets, Furets, Tirasse
Et mesme les plus apparens
Ont la Meutte de Chiens courans.

Sont-ils arrivez dans la salle
Où se doit faire le regale
On sert sur table & le Gibier
D'un air & d'un goût singulier;
A tout moment reçoit loüange
De chaque bouche qui le mange.
A l'exalter rien ne s'obmet,
Et rien n'égale son fumet,
Cependant quoy qu'il leur en semble
Tous ont moins de plaisir ensemble

A v

LA CHASSE.

Que le seul Chasseur sur ce point
Quand mesme il n'en mangeroit point.

  Par tout alors est en campagne
Le petillant vin de Champagne,
Le Maistre ne l'épargne pas ;
Enfin dans le fort du repas
On propose une grande chasse
Qui toutes les autres efface
Où, pour faire nombre de Chiens,
Chacun fasse amener les siens,
Où, pour estre bien assortie,
Les Dames soient de la partie.

  On commence à s'inquieter
Comment il faudra s'ajuster,
Où prendre just'aucorps & juppe
Et dequoy se faire une huppe.
On passe alors les jours entiers
A broder sur de grands metiers ;
Tel travail n'est pas fort utile
A prendre fauve ou volatile
Mais quand d'habits neufs & brillans
Bien entendus, & bien galans,

LA CHASSE.

Femme se pare en telles festes
C'est pour chasser à d'autres bestes.

   Le jour de la chasse arrivé
Chacun de bon matin levé
Se trouve avec son équipage
Au rendez-vous dans le Bocage;
Où se fait par ordre donné
Un magnifique déjeuné.
Dans le vin tout chagrin se noye
Et l'on se dispose à la joye.

   Desja dans vingt lieux écartez
Les Relais ont esté postez,
Desja revenus de leur queste
Les Limiers ont fleuré la Beste;
Et desja les galants Chasseurs,
Non sans debiter des douceurs,
Ont fait placer sous des feüillées
Les Dames de neuf habillées,
Jurant qu'en ses derniers abbois,
Le Cerf viendra sortant du bois
A leurs pieds terminer sa peine;
Chose pourtant fort incertaine.

Enfin se donne le signal
Pour faire partir l'Animal,
Il se leve un bruit effroyable,
Et qui pourtant est agreable,
De Chiens, de Chasseurs & de Cors
Qui penetrant dans tous les forts,
Fait tressaillir les Oreades
Et le chœur des vertes Dryades.
   D'abord dans l'épais du taillis
On n'entend qu'un grand chamaillis,
Mais si-tost que sous la futaye
Le Cerf plus au large s'égaye
On a le plaisir de le voir
S'élancer de tout son pouvoir,
Et quand il trouve des branchages
Plier son bois sous leurs feüillages.
Aprés luy mille Chiens courans
Gris, noirs, isabelles & blancs
De leur jambe viste & legere
Touchent à peine la fougere.
Ce spectacle vif & charmant
Ne dure presque qu'un moment,

Ils rentrent tous dans le bois sombre
Et se dérobant sous son ombre;
Il n'en reste qu'un peu de bruit,
Qui bien-tost aprés eux s'enfuit.
Tantost le Cerf va sur des Roches
Pour mieux éviter les approches
Des Chiens qu'il a sur ses talons
Tantost il va dans des valons,
Ensuite il enfile la plaine,
Et dans d'autres bois il les meine.
Là par ruse & détours adroits
En defaut il les met trois fois,
Et trois fois avec mesme adresse
La sage Meute se redresse;
Le cœur luy manque, il bat des flancs
Et pousse les derniers eslans.
En vain à courir il s'excite,
Il sent que la force le quitte
Et qu'une impitoyable mort
Va bien-tost terminer son sort.
 Enfin pour resource derniere
Il se jette dans la riviere;

Il fend l'onde & ſes deux coſtez
Tracent deux ſillons argentez
Qui derriere luy s'élargiſſent
Juſqu'à ce qu'au bord ils finiſſent.
Toute la Meute eſt en deffaut
Sans meſme en excepter brifaut
Mais par les Chiens de l'autre rive
Il eſt reçû quand il arrive,
Et les flots qu'il a traverſez
Roidiſſant ſes jarrets laſſez
Non loin du rivage & ſans peine
La Meute l'eſtend ſur l'arene.
Les Dames qui dans ce moment
S'y rencontrent heureuſement,
Quoy que bien-aiſes, ſont fachées,
Et voudroient, de pitié touchées,
Arreſter le moment fatal
D'un ſi noble & bel animal.
Il eſt vray que d'une voix baſſe
Il ſemble leur demander grace
Et dans ſes mortelles douleurs
Les vouloir toucher par ſes pleurs;

LA CHASSE.

Mais des Chiens la trouppe inhumaine
S'abandonne au feu de sa haine.
Et les Chasseurs, cruelles gens,
Loin d'estre au beau sexe indulgens,
Des Matins excitent la rage
Et les animent au carnage.
Dans le mesme temps tous les Cors
Par certains lugubres accors
Du Cerf dont on voit les entrailles,
Sonnent les tristes funerailles
Et font sçavoir à tous les bois,
Que leur grand Cerf est aux abbois.

A ce bruit se mettent à nage
Tous les Chiens de l'autre rivage
Et viennent de colere ardens
Donner aussi leurs coups de dents ;
Les Veneurs qui de prés les suivent
Sur le bord aussi-tost arrivent,
Et passent l'onde sans songer
S'il y peut avoir du danger ;
Ils sont vingt dans une nacelle
D'autres en ont jusqu'à la selle

Et d'autres sans tant de façons
Passent l'eau comme des Poissons;
Tant les Veneurs ont tous en teste
D'estre à la prise de la Beste.

 Dés que les Chasseurs ont reglé
Que le Cerf est bien étranglé,
Les Valets à grands coups de gaules
Sur les fesses, sur les épaules
Font quitter prise à tous les Chiens
Et chacun d'eux reprend les siens,
Une Voiture toute preste
Se charge aussi-tost de la Beste,
Et superbe d'un tel honneur
La porte au Chasteau du Seigneur.

 Le soir sous une belle ormoye
Le Cerf aux Chiens se donne en proye,
Aprés pourtant qu'on en a pris
Tous les morceaux les plus exquis.
Là les Dames en capelines
Et tenant en main des houssines
Frappent les Matins sur le nez
Pour les rendre moriginez,

LA CHASSE.

Lors qu'en mangeant mal ils s'accordent,
Ou qu'en grondant ils s'entremordent.
   Enfin tous ces divers ébats
Se ferment par un grand repas
Ou dans l'ardeur de l'allegresse
Chacun fait valoir son adresse.
Sans moy, dit l'un, je suis certain
Qu'on eust chassé jusqu'à demain,
Par deux fois dans la patte d'oye
J'ay remis les Chiens sur la voye.
Bon, dit l'autre, & si dans le bois,
Où le chemin se fourche en trois,
Je n'eusse fait tourner à droitte
Dans la route la plus estroitte
Où le Cerf s'estoit arresté,
Où diable en aurions nous esté ?
L'on dispute, l'on fait frerie,
On boit, plus l'on boit, plus l'on crie.
Et sur le declin du repas
L'on parle & l'on ne s'entend pas.
Le jour venant on se retire
Plus contens qu'on ne sçauroit dire.

Chacun a bien fait son devoir,
Et l'on brule de se revoir;
Cette Chasse n'a point d'égale
Et depuis Narcisse & Cephale
Heros Chasseurs du temps passé
On n'a jamais si bien chassé.

 Voila de vos belles journées,
Et de vos Chasses fortunées,
Les peintures que je me fais,
Quand mon esprit est bien en paix,
Et que son œil en toutes choses
Ne voit que des lis & des roses.
Mais comme un homme un peu rimeur
N'est pas tousjours en belle humeur
Je vous confesse que ma bile
Le prenant sur un autre style
Me fait dans de certains momens
Des mesmes divertissemens
Une image bien differente.

 Est-ce une chose fort plaisante
Dis-je parfois en y pensant,
Et dans mon esprit repassant

LA CHASSE.

Les maux, les fatigues, la peine
Que l'amour de la Chasse amene
A qui s'en est laissé saisir ;
Est-ce dis-je un fort grand plaisir,
Lors que l'on dort du meilleur somme
Que peut jamais dormir un homme,
D'estre tout à coup reveillé
Et cruellement tiraillé
Par un pauvre ami que harasse
L'inquiet demon de la Chasse,
On ne s'est couché qu'à minuit,
On est las, l'Aube à peine luit,
Mais cet ami peu s'en informe
Et veut, parce qu'un Lievre en forme
L'attend, dit-il, dans un buisson
Que l'on se leve & sans façon.
D'une main foible & languissante
De somme encore toute pesante
On chausse ses bas à l'envers,
On se boutonne de travers,
On baille, on se gratte l'oreille
Et puis enfin l'on se reveille.

LA CHASSE.

Ainsi vestu diligemment
Et sans inutile ornement,
Il faut se mettre sur l'épaule,
Non pas une legere gaule,
Mais un Fusil long & pesant
Qui mis de travers, & posant
Sur l'os qui joint la clavicule,
A moins qu'on soit fort comme Hercule,
Se fait cruellement sentir
Et cause un secret repentir.
Mais est-il Chasseur qui refuse
De se charger d'une arquebuse ?
 On sort, & sans faire d'écarts,
(Car c'est un Levraut de trois quarts
A qui l'on va casser la teste)
On s'achemine vers la beste.
Prés du giste on se va coulant
On n'en approche qu'en tremblant
Dans les broussailles l'on se plonge,
On se racourcit, on s'allonge,
Mais au lieu du Lievre peureux
On ne trouve qu'un buisson creux.

LA CHASSE.

Qui veut le voir en sa demeure
Y doit venir de meilleure heure.
En s'éloignant de cet endroit
On va par un sentier estroit,
Dans des vignes bien allignées
Se brider le nez d'araignées,
Et mesme par trop se pressant
En gober quelqu'une en passant.
On ne rencontre ame qui vive,
Hors quelque Merle, ou quelque Grive.

 Il faut aller en d'autres lieux
Chercher quelque chose de mieux.
Maintenant que toutes les plaines
De mille grains tombez sont pleines
Chaque sillon, chaque sentier,
Y doit regorger de Gibier,
On descend, & l'on fait la ronde
D'une grande Campagne blonde.
Sans estre payé de ses soins ;
Mais, lors qu'on y pense le moins
Trois Perdrix en battant des aisles
Partent de dessous des javelles

On les mire, le Chien s'abbat
Et chaque fufil prend un rat.
Que faire ? aller à la remife
Seroit une vaine entreprife
De leur premier vol toutes trois
Elles ont attrappé le bois.
Aprés avoir repris haleine
On arpente encore la plaine,
On cuit. C'eſt un Soleil ardent
Qui ſes traits à plomb va dardant
Mais d'une force ſi cruelle
Qu'on ſe ſent boüillir la cervelle,
Du moins on croit qu'elle ſe fond
Et ſe diſtille par le front.
De poudre on a la bouche pleine
On ralle on crache de la laine,
Encore à peine la peut-on
Pouſſer plus loin que ſon menton.
Une Mare alors découverte
Vous preſente ſa bourbe verte,
Mais c'eſt un nectar raviſſant
Dans l'aſpre ſoif que l'on reſſent.

LA CHASSE.

Un sauvage oyseau de Riviere
Construit de bizare maniere,
Parmi les joncs & les glayeux
Frappe inopinément les yeux.
Il faut l'avoir. Sur un vieux saule
On se glisse, on passe une épaule.
Le coup est prest d'estre donné
Mais l'arbre que l'âge a miné
Sous l'homme, du bord se separe
Et tombe avec luy dans la Mare ;
L'Oyseau s'envole & le Chasseur
Plein de bourbe & tranci de peur
Se tire en gagnant le rivage
De son sale & boueux naufrage.

Ce jour estoit malencontreux
On sera demain plus heureux ;
Point du tout. Avec grande instance
Un Gentilhomme d'importance
Luy-mesme est venu convier
D'aller manger de son Gibier,
Qui desormais un peu trop tendre
Se gaste & ne peut plus attendre,

(Pour bien dire la verité
Il estoit desja tout gasté.)
On va dans la Gentilhommiere
Qui tient un peu de la chaumiere.
Sur la porte l'on voit d'un Loup gris
La teste & deux Chauvesouris,
Dans la cour, où, dés que l'on entre
On a du fumier jusqu'au ventre
Trois Cannes avec un Oison
Font les honneurs de la maison.
Par leur chant nazard & champestre,
On rencontre bien-tost le Maistre,
Qui joyeux & plein de bonté,
N'a que trop de civilité.
  A peine à-t'on servi sur table
Que du rost l'odeur detestable
Vient par mille endroits détournez
Faire la guerre à tous les nez.
Quatre grands Lapins qui s'estalent
A puer de loin se signalent
Mais plus que tous un vieux coquin
Dont l'estomac de bleu turquin

LA CHASSE.

Exhale une infernale haleine ;
L'Hoste qui de fine garenne
Le croit, & le veut garentir,
A ses Voisins le fait sentir,
Et du cul de la beste immonde
Frotte le nez à tout le monde.
Le lendemain dans la forest
Avec un magnifique apprest
Se doit faire une grande Chasse,
Il n'est rien que chacun ne fasse,
Pour donner à ce doux plaisir
Tout ce qu'invente son desir.
Mais en mesme temps la fortune
Moins souvent bonne qu'importune
S'estudie à l'assaisonner
De tout ce qui peut chagriner.

Dés le soir une grosse pluye
De vents, & de gresle suivie,
Tombe dans tous les lieux voisins,
Fait des lacs de tous les chemins,
Desole tout, & par tout change
La terre grise en noire fange.

LA CHASSE.

La pluye a beau tousjours cingler
Il ne faut pas laisser d'aller.
Les Chevaux jusqu'au ventre enfoncent,
Les plus vigoureux y renoncent,
Ou trebuchent à tout moment ;
Les Chiens n'ont plus de sentiment,
On ne connoist plus les brisées,
Et les Dames sont défrisées.
 Icy l'un tombe ayant glissé,
Sur son fusil dans un fossé,
Et donnant du front sur la crosse
Se fait une effroyable bosse,
Avec un trou, mais sans chagrin,
Quatre gouttes d'esprit de vin
Gueriront la bosse & la playe,
Un autre en forçant une haye,
Et des branches peu se gardant,
Souffre un plus fâcheux accident,
Une épine qui se releve
Luy donne dans l'œil & le creve,
Mais qu'importe ? à quoy bon deux yeux ?
Qui n'en a qu'un en vise mieux.

LA CHASSE.

Icy sur un Lievre qui passe
L'un prend un rat de bonne grace,
L'autre qui ne tire pas bien
Manque le Lievre, & tuë un Chien.

De tous costez on est en queste
Pour trouver le fort de la beste,
Mais en vain l'on cherche par tout
On n'en sçauroit venir à bout.
Les Veneurs à perte d'haleine
Traversent le bois & la plaine
Et sont dans un cruel souci,
Les Dames galoppent aussi,
Deux ou trois font la culebutte
Et sont heureuses dans leur chûte,
Selon qu'elles ont de blancheur
Ou d'embonpoint & de fraischeur.

La nuit survient on se retire
De honte on n'ose se rien dire,
On peste, & le plus vieux Routier
Maudit luy-mesme le mestier.

Par une Chasse si bizare
Que pour m'égayer je vous narre

LA CHASSE.

N'allez pas vous imaginer
Que je veüille vous détourner
De cette agreable manie
Où se porte vostre genie,
Et dont les peines & les soins
Ne sont pas ce qui plaist le moins.
 Dans le monde tout est de mesme;
Rien ne déplaist dans ce qu'on aime.
Un Plaideur est en Paradis
Quand il fournit des contredits,
Ou nouveaux moyens il expose,
Soit qu'il gagne ou perde sa cause.
Combien de Bourgeois, de Marchands,
Coeffez de leurs Maison des champs,
Quoy qu'un Seigneur les contrarie
Sur leur eau, leur bois, leur prairie
Et leur fassent cent mauvais tours,
Y vont & s'y plaisent tousjours.
Un Amant qui dans son martyre
Sans cesse gemit & soûpire,
De celle qui retient son cœur,
Cherit tout jusqu'à sa rigueur.

LA CHASSE.

Ceux qui cheminent vers la gloire
Par les sentiers de la Victoire
Vont gayement & sans rechigner
Tous les jours se faire échigner.
Par gens contre qui de leur vie
De se battre ils n'eurent envie,
Et qui peut-estre dés demain
Viendront leur toucher dans la main.
Un bon faiseur de Commentaires,
Qui dans quelques vieux exemplaires,
Aprés s'estre long-temps tué
Trouve un mot mal accentué,
Enchanté de sa découverte
De son temps ne plaint point la perte.
  Moy, qui n'aimant Chasse ny Chiens,
M'acharne sur les Anciens
Puis-je alleguer une folie
Plus bizare & plus accomplie ?
Que sert, & qu'importe en effet
Que Virgile ait bien ou mal fait ?

LA CHASSE.

Qu'Horace ait sçû dans sa Satyre
Adroittement ou non medire?
Mille gens & fort à propos
Sur tout cela sont en repos.
Pourtant, quand au gré de ma ratte
Je puis donner un coup de patte,
Ou serrer un peu le bouton,
Au mielleux & divin Platon
Ou quand mon * *Abbé* temeraire
Fait voir le bec jaune d'Homere.
Je ressens des plaisirs bien doux
Et peut-estre non moins que vous,
Quand mesme d'une seule balle
Vous troussez un Chevreüil en malle,
Ou lors que dans un traquenard
Vous prenez quelque vieux Renard.

Poursuivez-donc & de la Chasse,
Qui jamais ne vous embarrasse,

* *Un des Personnages des Dialogues du Paralelle des Anciens & des Modernes.*

LA CHASSE.

Gouſtez-bien toutes les douceurs
Vous le plus ſage des Chaſſeurs.
Bonſoir, puiſſe cette folie
Par endroits vous ſembler jolie.

A Paris, ce 14. *Septembre* 1692.

PERRAULT de l'Académie Françoiſe.

Extrait du Privilege du Roy.

PAr Lettres Patentes de Sa Majesté du 29. Septembre 1675. Il est permis à l'Imprimeur de l'Académie Françoise, d'imprimer, vendre & debiter les Discours & Pieces de Poësie que l'Académie voudra faire imprimer à l'avenir: Avec deffenses à tous autres d'imprimer lesdites Pieces, sur les peines portées à l'original dudit Privilege.

www.ingramcontent.com/pod-product-compliance
Lightning Source LLC
Chambersburg PA
CBHW060512050426
42451CB00009B/946